Stories in Spanish
Level C1-C2 - Book 1
- WITH AUDIO -

Created for learners of Spanish as a foreign language

Download your audio:

Step 1: Go to Esidioma.com/extras

Step 2: Use the following code:

AF874342

AoleJ

Do you need help? Contact us: info@Esidioma.com

Esidioma
esidioma.com

Índice

Esidioma
esidioma.com

Learn Spanish with us!
If you want to improve your language skills,
we have all you need

Texts: José Antonio Santiago
Design: Esidioma Team
Images: pexels.com
ISBN - 978-84-16971-96-1
Legal Deposit - AS 02233-2024

Texto 1 Modismos y frases hechas

achaques de la edad: physical or health issues associated with old age

traer a alguien por la calle de la amargura: to cause someone a lot of stress or annoyance

horas intempestivas: unusual or inconvenient hours, often referring to late or early hours

forjar una amistad: to build or establish a friendship

a prueba de bombas: extremely reliable

estar entrado en años: to be old

estar entrado en carnes: to be overweight or plump

hincar el diente: to eat, to take a bite of something

ser testigo mudo: to witness something without being able to intervene

cada dos por tres: very frequently or often

las tantas de la noche / de la mañana: very late at night or early in the morning

estoy que no me tengo: to feel very weak or tired

de esta no salgo: to believe that you will die

ponerse en lo peor: to assume the worst outcome

te tengo dicho: I've told you several times before

tener medio pie en la tumba: to be very close to death

irse al otro barrio: to die

como alma que lleva el diablo: very fast or hastily

en menos que canta un gallo: very quickly or in no time at all

no mediar ni media palabra: to not say a word or communicate

ser presa del pánico: to be overwhelmed by fear

abrir de par en par: to fully open

encomendarse a un santo/dios: to pray to a saint or god

todos los ... habidos y por haber: all possible variations or options

estar fresco como una lechuga: to feel fresh or well-rested

ni corto ni perezoso: without hesitation

sin rechistar: without complaining

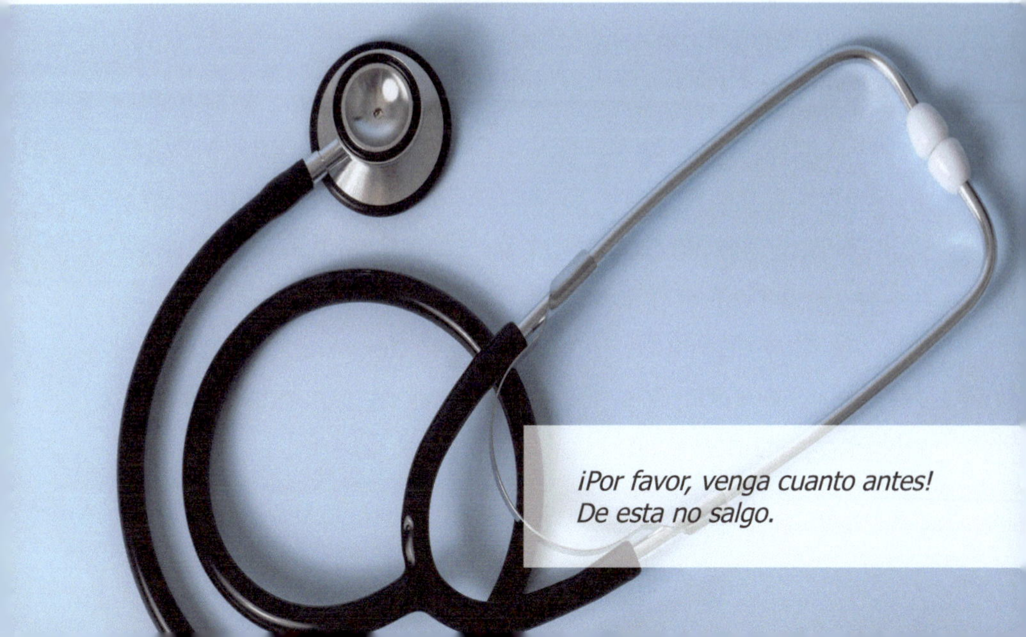

El amigo del doctor

Audio 1

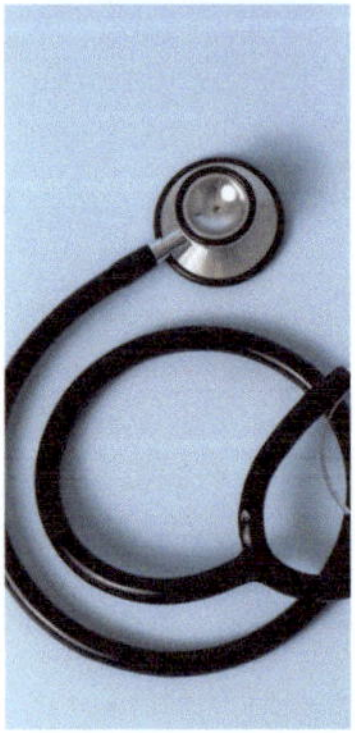

Permítanme compartir con ustedes un escueto episodio de la vida de un acaudalado escritor. A este hombre, a quien llamaré Bernardo, los achaques de la edad lo traían por la calle de la amargura. Es por ello que solía recurrir a los servicios del médico más eminente de la ciudad. Tras múltiples visitas médicas, por las razones más variopintas y, en ocasiones, a horas intempestivas, el autor y el doctor acabaron forjando una amistad a prueba de bombas.

Bernardo estaba entrado en años, porque el tiempo pasa por todos, y él no era una excepción. Pero he aquí que nuestro amigo también estaba entrado en carnes, ya que era muy dado a hincarle el diente a todo tipo de comida y, cuanto más grasienta, mejor. Su oronda panza era testigo mudo de ello. Y si a todo esto le sumamos que practicaba deporte muy de vez en cuando, por no decir nunca, no es de extrañar que cada dos por tres estuviera echando mano al teléfono para pedir ayuda a su amigo el doctor.

The doctor's friend

Allow me to share with you a brief episode from the life of a wealthy writer. The age-related ailments of this man, who I will call Bernardo, made his life miserable. That's why he used to resort to the services of the city's most eminent doctor. After multiple medical visits, for the most varied reasons and, sometimes, at the most unearthly hours, the author and the doctor ended up forging a rock-solid friendship.

Bernardo was getting on in years, as time affects everyone, and he was no exception. But it's also worth noting that our friend was also well-fed, as he was very prone to biting into all kinds of food, and the greasier, the better. His fat belly was a silent witness to this. And if to all this we add that he engaged in sports very rarely, if ever, it's no wonder that time and again he would reach for the phone to seek help from his friend, the doctor.

Así fue como en una ocasión, a las tantas de la noche, el teléfono sonó en casa del médico:

—Doctor, siento un dolor punzante en el pecho. Estoy que no me tengo. Me falta el aire. ¡Por favor, venga cuanto antes! De esta no salgo.

—Bernardo, no se inquiete. Me tendrá ahí en un santiamén.

Ante esta tesitura, el doctor se puso en lo peor. "Estaba escrito que esto pasaría algún día", mascullaba mientras se vestía. "Mira que le tengo dicho que ya tiene medio pie en la tumba y que, como no se ponga a dieta, sus malos hábitos lo van a mandar al otro barrio". Y con esas, agarró su maletín y salió como alma que lleva el diablo.

Las prisas no son buenas, pero esto era, nunca mejor dicho, un asunto de vida o muerte. En menos que canta un gallo, el doctor, empapado de sudor, ya estaba frente al vistoso edificio donde moraba el autor. Sin pensárselo dos veces, se puso a subir a toda prisa las escaleras, hasta el apartamento de Bernardo, ubicado en la cuarta planta. Nada más llegar, empezó a aporrear la puerta del escritor. Bernardo abrió, y se encontró con el pálido semblante del extenuado médico que, tras semejante carrera, luchaba por recuperar el aliento. Sin mediar ni media palabra, se fue directo a un sillón, dónde se desplomó.

This is how, on one occasion, very late at night, the phone rang at the doctor's house:

"Doctor, I'm feeling a stabbing pain in my chest. I can barely stand. I can't catch my breath. Please, come as soon as possible! I won't make it through this."

"Bernardo, don't worry. I'll be there in no time at all."

In the face of such a situation, the doctor anticipated the worst. "It was bound to happen someday," he muttered as he dressed. "I've told him repeatedly that he's halfway to the grave and that, unless he goes on a diet, his bad habits will lead him over to the other side." And with that, he grabbed his bag and left as quickly as he could.

Rushing is not good, but this was, quite literally, a matter of life or death. In no time, the doctor, drenched in sweat, was already standing in front of the attractive building where the author lived. Without thinking twice, he rushed up the stairs to Bernardo's apartment on the fourth floor. Right after arriving, he began pounding on the writer's door. Bernardo opened it and found the pale face of the exhausted doctor, who, after such a race, struggled to catch his breath. Without uttering a word, he went straight to an armchair and collapsed.

—¿Qué le sucede? ¿Se encuentra usted mal? —interrogó desasosegado Bernardo.

—Creo que estoy sufriendo un infarto —articuló el médico a duras penas.

Bernardo, presa del pánico, le suministró un vaso de agua con varias píldoras. A continuación, abrió las ventanas de par en par para que entrara aire fresco y se encomendó a todos los santos habidos y por haber, para que salvaran a su amigo. A la media hora, el doctor estaba fresco como una lechuga y completamente recuperado. Así pues, tomó su maletín y, ni corto ni perezoso, declaró:

—Muy bien, mi querido amigo, si no le puedo ser de más ayuda, serán mil pesos por mis servicios.

—¡¿Cómo?! Pero si fui yo quien lo ha socorrido, mientras usted simplemente yacía en el sofá.

—Lo relevante en este caso no es el método que haya empleado para sanarle, sino el resultado obtenido. Su pecho ya no le duele, ¿verdad?

El escritor asintió con una sonrisa y abonó la cantidad debida a su astuto compadre sin rechistar.

"What's wrong? Are you feeling unwell?" an anxious Bernardo inquired.

"I think I'm having a heart attack," said the doctor with a big effort.

Panic-stricken, Bernardo gave him a glass of water with several pills. Then he flung the windows wide open to let in fresh air and prayed to all the saints, past and present, to save his friend. Half an hour later, the doctor was as fresh as a daisy and fully recovered. Thus, he took his bag and, without hesitation, declared:

"Very well, my dear friend, if I can't be of any more assistance, it'll be a thousand pesos for my services."

"What? But it was me who helped you, while you were simply lying on the couch."

"The relevant factor in this case is not the method I used to heal you, but the result achieved. Your chest no longer hurts, right?"

The writer nodded with a smile and paid his clever comrade the amount owed without protest.

Ejercicios

1 ¿Verdadero (V) o falso (F)?
True or false?

1. Los achaques de la edad traían al doctor por la calle de la amargura.
2. Bernardo estaba entrado en años pero muy sano.
3. Un día Bernardo llamó al doctor por un dolor en el pecho.
4. El doctor le había aconsejado a Bernardo ponerse a dieta.
5. Bernardo, presa de pánico, se desplomó en un sillón.
6. El escritor abonó al médico mil pesos por sus servicios.

2 Escoge la preposición correcta:
Choose the correct preposition:

1. Practicaba deporte muy de vez **por / en** cuando.
2. **Ante / Para** esta tesitura, el doctor se puso **a / en** lo peor.
3. Bernardo abrió las ventanas **de / en** par **a / en** par y se encomendó **a / en** todos los santos habidos y **de / por** haber.
4. Estaba entrado **a / en** carnes porque era muy dado **de / a** hincarle el diente **a / con** todo tipo de comida grasienta.
5. No es **por / de** extrañar que cada dos **por / de** tres estuviera echando mano **a / al** teléfono para pedir ayuda.
6. Solía recurrir **a / con** los servicios de un eminente médico.

3

Completa las frases con las siguientes palabras:
Complete the sentences using the following words:

moraba / pie / empapado / oronda
aporrear / alma / mudo / semblante

1. Su __________ panza era testigo __________ de ello.
2. Le tengo dicho que ya tiene medio ________ en la tumba.
3. Agarró su maletín y salió como ________ que lleva el diablo.
4. El doctor, __________ de sudor estaba frente al vistoso edificio donde __________ el autor.
5. El médico empezó a __________ la puerta del escritor.
6. Bernardo se encontró con el pálido _________ del doctor.

4

Combina las columnas:
Combine both columns:

1. Los dos acabaron forjando una →	a. santiamén
2. Me falta el aire. Estoy que no me	b. amistad
3. Me tendrá ahí en un	c. muerte
4. El escritor abonó el dinero sin	d. rechistar
5. Era un asunto de vida o	e. intempestivas
6. Hacía visitas a horas	f. tengo

Soluciones

Ejercicio 1: 1-F, 2-F, 3-V, 4-V, 5-F, 6-V

Ejercicio 2: 1-en, 2-Ante, en, 3-de, en, a, por, 4-en, a, a, 5-de, por, al, 6-a

Ejercicio 3: 1-oronda, mudo, 2-pie, 3-alma, 4-empapado, moraba, 5-aporrear, 6-semblante

Ejercicio 4: 1-b, 2-f, 3-a, 4-d, 5-c, 6-e

Texto 2 Modismos y frases hechas

pasar a mejor vida: to die

caer en el olvido: to be forgotten

sacar a colación: to bring up, to mention

que ni pintado: like it was made for it, perfectly suited

andarse por las ramas: to beat around the bush, to avoid the main topic

a la mínima de cambio: at the first opportunity

a la postre: in the end, ultimately, eventually

sin parangón: without equal, unmatched

a golpe de: by means of, using

a buen recaudo: in a safe place, securely

estar presto: to be ready, to be prepared

ser menester: to be necessary, to be required

si se tercia: if the chance arises, if the opportunity comes

ni que decir tiene que: it goes without saying that

regalar los oídos: to flatter or compliment excessively

comulgar con algo/alguien: to agree with something/someone

por lo que a mí respecta: as far as i'm concerned

donde esté... que se quite lo demás: wherever... nothing else matters

estar tan campante: to be completely unconcerned and carefeee

estar como el primer día: to be as good as new

los años no pasan por ti: you don't seem to age

simple y llanamente: plain and simple, straightforwardly

mandarlo todo a paseo: to send everything to hell, to give up on everything

echarse a la bartola: to relax or laze around

rascarse la barriga: to do nothing, to be idle

los años no perdonan: time takes its toll as you age

tener una salud de hierro: to be in excellent health

pasarse de la raya: to go too far or exceed limits

matar dos pájaros de un tiro: to kill two birds with one stone

estar como un armario: to be very big, to be very strong

estar sordo como una tapia: to be deaf as a post, to have very poor hearing

Por lo que a mí respecta, donde esté un buen sitio para descansar, que se quite lo demás

Dos cuchillos

Audio 2

El que piense que el arte de la forja ha pasado a mejor vida, se equivoca. Es cierto que ya no se estila encargar a un herrero que nos haga un cuchillo, pero no por ello debemos pensar que se trata de una profesión que haya caído en el olvido. Aún queda algún que otro herrero por ahí. Pero, ya que he sacado a colación unos cuchillos, me viene a la mente una historia que ni pintada para dejar de divagar. Ya sabemos que me gusta andarme por las ramas y cambiar de tema a la mínima de cambio.

Resulta que mi padre, cuando era joven, tenía una amiga que a la postre sería su mujer, cuyo hermano era herrero. El talento de este hombre no tenía rival, pues era capaz de crear objetos de una belleza sin parangón. En cierta ocasión, con la destreza de quien domina el fuego, y a golpe de martillo, creó dos magníficos cuchillos. Quedó tan satisfecho, que decidió quedarse con ambos. Uno, lo dejó en la cocina, mientras que el otro, lo puso a buen recaudo en un lujoso armario.

Two knives

Whoever thinks that the art of forging is a thing of the past, is mistaken. It's true that it's no longer common practice to commission a blacksmith to make a knife for us, but that's no reason to think that we're dealing with a profession that has fallen into oblivion. There are still a few blacksmiths around. But, since I've mentioned knives, a story comes to mind that is the perfect fit to stop me from digressing. We all know that I like to beat around the bush and change the subject at the first chance.

It just so happens that my father, when he was young, had a friend who would eventually become his wife, whose brother was a blacksmith. This man's talent was unrivalled, as he could create objects of unparalleled beauty. On one occasion, with the skill of someone who controls fire, and through the striking of a hammer, he crafted two magnificent knives. He was so pleased that he decided to keep both of them. One, he left in the kitchen, while the other, he put away safely in a luxurious cabinet.

El primer cuchillo siempre estaba presto a ayudar en lo que fuera menester. Sus quehaceres cotidianos no solo se reducían a cortar pan en rebanadas, ya que, si se terciaba, también asistía a la esposa del artesano en delicados trabajos de costura. Ni que decir tiene que el herrero nunca se iba al bosque sin llevarse consigo su flamante cuchillo.

Mientras todo esto acontecía, el segundo cuchillo se pasaba el día plácidamente tumbado, descansando en compañía de otras herramientas que siempre estaban dispuestas a regalarle los oídos con halagos.

—¡Qué maravilla de filo! ¡Qué resplandor! ¿Qué haces para mantenerte en forma? —le decían entre suspiros.

—Amigos míos, en esta casa los hay que se matan a trabajar y que encima piensan que ese es el ejemplo a seguir. Pero yo no comulgo con esa idea. Por lo que a mí respecta, donde esté un buen sitio para descansar, que se quite lo demás. El trabajo no es para mí.

Con el paso del tiempo, la situación no cambió ni un ápice. El cuchillo ocioso descansaba, mientras que su hermano se entregaba con fervor al servicio de su amo. Uno debía soportar el trajín del día a día y el otro, estaba tan campante sin preocuparse por nada. Y así, durante años.

The first knife was always ready to help with whatever was needed. His everyday tasks weren't limited to slicing bread, for, if the chance arose, he would also assist the artisan's wife with delicate sewing tasks. Needless to say, the blacksmith never went to the forest without taking his splendid knife with him.

While all this was happening, the second knife spent its days lying around placidly, resting in the company of other tools that were always eager to sweet-talk him with compliments.

"What an incredible cutting edge! What a shine! What do you do to stay in shape?" they would tell him with sighs.

"My dear friends, in this household, there are those who work themselves to death and even think that's the example to follow. But I don't buy into that idea. As far as I'm concerned, wherever there's a good place to rest, nothing else matters. Work is not for me."

As time went by, the situation didn't change one bit. The idle knife rested while his brother fervently served his master. One had to endure the frantic activity of daily life, while the other was feeling carefree, not worrying about anything. And so it went on for years.

Un día, tras mucho tiempo sin verse, los dos cuchillos se encontraron cara a cara de pura casualidad. El holgazán se quedó estupefacto a ver que su hermano seguía tan brillante como el primer día, sin rastro del inexorable paso del tiempo. Él, en cambio, mostraba los estragos de la vida sedentaria, oxidado y deslucido, sin el esplendor de antaño.

—Parece que los años no pasan por ti. ¿Cómo te las apañas? —interrogó el vago a su hermano.

—No hay ningún secreto. Simple y llanamente intento mantenerme activo. No te creas que a mí no me dan ganas a veces de mandarlo todo a paseo y echarme a la bartola. Pero es que uno no puede pasarse el día rascándose la barriga. Al final, los malos hábitos pasan factura y los años no perdonan.

No hace falta ser un cuchillo para saber que una vida activa es fundamental para tener una salud de hierro. Pero tampoco debemos pasarnos de la raya. Es necesario encontrar un equilibro entre las obligaciones laborales, la actividad física y el ocio. Por cierto, la profesión de herrero nos permite matar dos pájaros de un tiro ya que conjuga a la perfección el trabajo y el ejercicio. Y si no, que se lo pregunten a mi tío, que está como un armario. Eso sí, el pobre está sordo como una tapia de tanto darle al martillo.

One day, after a long time without seeing each other, the two knives came face to face purely by chance. The lazy one was astonished to see that his brother was still as shiny as the first day, with no sign of the inexorable passage of time. He, on the other hand, showed the damaging effects of sedentary life, rusted and faded, without the splendour of the past.

"It seems time doesn't touch you. How do you manage?" the lazy one asked his brother.

"There's no secret. I simply try to stay active. Don't think that I don't sometimes feel like throwing everything to the wind and lazing around. But one can't spend the day scratching their belly. In the end, bad habits take their toll, and the years spare no one."

You don't need to be a knife to know that an active life is crucial for having robust health. However, we shouldn't overdo it either. It's necessary to find a balance between work obligations, physical activity, and leisure. By the way, the blacksmith's profession allows us to kill two birds with one stone as it perfectly combines work and exercise. And if you don't believe me, just ask my uncle, who is built like a tank. However, the poor guy is as deaf as a post from all that hammering.

Ejercicios

1 ¿Verdadero (V) o falso (F)?
True or false?

1. El talento del herrero no tenía rival.
2. El primer cuchillo cortaba pan en rebanadas y asistía a la esposa del artesano.
3. El primer cuchillo le regalaba los oídos al segundo cuchillo.
4. El secreto del primer cuchillo está en rascarse la barriga.
5. Un día el herrero llevó al bosque el cuchillo oxidado.
6. El holgazán descansaba en compañía de otras herramientas.

2 Escoge la preposición correcta:
Choose the correct preposition:

1. Ya que he sacado **a / en** colación unos cuchillos, me viene **a / en** la mente una buena historia.
2. El primer cuchillo estaba presto **a / por** ayudar **de / en** lo que fuera menester.
3. Los hay que se matan **a / de** trabajar y piensan que ese es el ejemplo **a / para** seguir. No comulgo **en / con** esa idea.
4. Ya sabemos que me gusta cambiar **por / de** tema **a / con** la mínima **a / de** cambio.
5. Se encontraron cara **de / a** cara **de / en** pura casualidad.
6. Me dan ganas **por / de** mandarlo todo **a / en** paseo.

3

Completa las frases con las siguientes palabras:
Complete the sentences using the following words:

recaudo / tapia / factura / oxidado / tiro
martillo / antaño / hierro / fundamental

1. Puso el otro cuchillo a buen ______ en un lujoso armario.
2. Los malos hábitos pasan _______ y los años no perdonan.
3. Eso nos permite matar dos pájaros de un ___________ .
4. Está sordo como una _______ de tanto darle al _______ .
5. Estaba _______ y deslucido, sin el esplendor del _______ .
6. Una vida activa es __________ para tener una salud de __________ .

4

Combina las columnas:
Combine both columns:

1. Este arte no se ha caído en el	a. bartola
2. Me gusta andarme por las	b. ápice
3. Creaba objetos de una belleza sin	c. olvido
4. La situación no cambió ni un	d. parangón
5. Mostraba los estragos de la vida	e. ramas
6. Me dan ganas echarme a la	f. sedentaria

Soluciones

Ejercicio 1: 1-V, 2-V, 3-F, 4-F, 5-F, 6-V

Ejercicio 2: 1-a, a, 2-a, en, 3-a, a, con, 4-de, a, de, 5-a, de, 6-de, a

Ejercicio 3: 1-recaudo, 2-factura, 3-tiro, 4-tapia, martillo, 5-oxidado, antaño, 6-fundamental, hierro

Ejercicio 4: 1-c, 2-e, 3-d, 4-b, 5-f, 6-a

Texto 3 Modismos y frases hechas

amigo de lo ajeno: thief or someone involved in theft

frotarse las manos: to rub one's hands together, often in anticipation

de hoy no pasa: it won't wait until tomorrow, it must be done today

tener toda la pinta de: to strongly resemble, to (clearly) look like

al amparo de: under the protection or cover of

como quien no quiere la cosa: casually or without effort

ipso facto: immediately or without delay

tenérsela a alguien preparada: to have something ready for someone, often with negative intentions

faltarle un tornillo a alguien: to be missing a screw, to be crazy

no ver tres en un burro: to be blind as a bat, to have poor vision

como si nada: as if nothing had happened

darse de bruces: to come face to face with smth./sb. suddenly

lo veo y no lo creo: I can't believe my eyes

ser más viejo que matusalén: to be very old

a las primeras de cambio: at the slightest provocation or opportunity

no vale la pena: it's not worth it

no hay excusas que valgan: there are no valid excuses

no está la cosa para...: it is used to convey that the current circumstances are not favorable for a particular action, decision, or behavior

tú verás: it's up to you (but showing disagreement)

pararse en seco: to come to a sudden stop

no tenerlas todas consigo: to have doubts, no to be sure

hacerse pasar por: to impersonate, pretend to be someone else

darle vueltas a algo: to think about something extensively

estar con la mosca detrás de la oreja: to be suspicious or wary

entrar en escena: to appear or become involved in a situation

como un rayo: extremely fast or suddenly

y tanto que: absolutely, indeed, without a doubt

rematar la faena: to finish the job or task

poner el colofón: to add the finishing touch

salirse con la suya: to get one's way or succeed in one's plans

Un plan perfecto

Audio 3

A los pies de una colina, serpenteaba un sendero por cual iba un pastor. Llevaba a hombros una cabra que había adquirido esa misma mañana en el mercado. Por aquellos parajes solían merodear ladrones y otros amigos de lo ajeno, por lo que no es de sorprender que la mala fortuna quisiera que tres malhechores lo avistaran. Estos se regocijaron y comenzaron de inmediato a pergeñar una treta para hurtar el animal. Aún no habían comenzado los preparativos, y ya se estaban frotando las manos pensando en el festín que se iban a dar.

—Llevamos días sin cenar caliente, pero, gracias a mi plan, de hoy no pasa. —declaró el más avispado de ellos, que tenía toda la pinta de ser el cabecilla.

Los rufianes se ocultaron sigilosamente al amparo de la maleza y aguardaron el paso de su víctima. En el momento planeado, el primero de ellos se aproximó al pastor como quien no quiere la cosa.

A perfect plan

At the foot of a hill, a path wound its way, and on it walked a shepherd. He carried a goat on his shoulders, which he had acquired that very morning at the market. In that place, thieves and other robbers often roamed, so it's not surprising that ill fortune led three evildoers to spot him. They rejoiced and immediately started devising a scheme to steal the animal. Even before the preparations had begun, they were rubbing their hands together, anticipating the feast they were about to enjoy.

"We haven't had a hot dinner in days, but thanks to my plan, that changes today," declared the shrewdest of them, who looked like the ringleader.

The criminals stealthily hid under the protection of bushes and waited for their victim to pass by. At the planned moment, the first of them approached the shepherd as if casually.

—¡Pero qué ven mis ojos! ¡Vaya perro más horrendo! —exclamó el maleante, mostrando grandes dotes interpretativas—. ¿Cómo se puede tener semejante adefesio? ¡Qué asco de perro! Espero que al menos sea buen cazador. De lo contrario, me desharía de él ipso facto.

—¡Qué tipo más extraño! —pensó el pastor, ignorando la que le tenían preparada—. ¿No resulta evidente que esto es una cabra y no un perro? A ese hombre o le falta un tornillo o no ve tres en un burro.

El pastor prosiguió su marcha por el sendero como si nada. Estaba de nuevo perdido en sus pensamientos cuando, de repente, se dio de bruces con el segundo ladrón, que parecía que hubiera surgido de la nada:

—Lo veo y no lo creo. ¿Tú qué haces con ese perro? Si es más viejo que Matusalén. Yo que tú, soltaría a ese vejestorio a las primeras de cambio y lo dejaría morir en paz. No vale la pena tener un perro así.

—Pe... Pero... —musitó el ingenuo hombre antes de ser interrumpido de nuevo.

—¡No hay excusas que valgan! Ni te lo pienses. No está la cosa para andar tirando el dinero manteniendo un perro del que no vas a sacar ningún provecho. Tómatelo como un consejo de amigo. Tú verás.

"But what do my eyes behold! What an ugly dog!" exclaimed the crook, displaying great acting skills. "How can anyone have such a monstrosity? What a repulsive dog! I hope it's at least a good hunter. Otherwise, I'd get rid of it on the spot."

"What a strange guy!" thought the shepherd, unaware of the trap they had set for him. "Isn't it obvious that this is a goat and not a dog? This man either has a screw loose or is blind as a bat."

The shepherd continued along the path as if nothing had happened. He was once again lost in thought when he suddenly bumped into the second thief, who seemed to have appeared out of nowhere:

"I can't believe my eyes. What are you doing with that dog? It's as old as the hills. If I were you, I'd release that old-timer at the first opportunity and let it die in peace. It's not worth keeping a dog like that."

"Bu... But..." the naive man muttered before being interrupted again.

"No excuses will do! Don't even think twice. It's not the time to waste money keeping a dog that won't be of any use to you. Take it as a piece of friendly advice. It's up to you."

El bandido se fue alejando y el incauto pastor se paró en seco. Él veía una cabra, pero ya no las tenía todas consigo. "¿Y si resulta que esto es un demonio que se hace pasar por cabra?", pensó y empezó a darle vueltas al problema. Cuantas más vueltas le daba, más dudas le entraban. No tardó en estar con la mosca detrás de la oreja y, desesperado, empezó a mirar a ambos lados del camino, mientras sujetaba el animal sin saber qué hacer con él.

En ese instante, siguiendo un plan que estaba rozando la perfección, el tercer ladrón entró en escena. Su imprudente víctima se lanzó como un rayo a preguntarle:

—!Disculpe, disculpe! Le voy a hacer una pregunta muy tonta: ¿Qué animal ve usted aquí?

—Y tanto que tonta. Está claro que estoy viendo un perro. ¿Qué voy a ver si no? —sentenció el ladrón, rematando la faena y poniendo el colofón a una actuación magistral.

La respuesta dejó al pastor sin respiración, mientras un escalofrío le recorría la espalda. El pobre hombre soltó la cabra y huyó despavorido gritando "¡Esto es un demonio! ¡Un demonio!". Un rato después, los tres embaucadores se hicieron con la cabra, se felicitaron por haberse salido con la suya, y se fueron canturreando.

The bandit walked away, and the unsuspecting shepherd came to a sudden stop. He saw a goat, but he was no longer sure. "What if this is a demon pretending to be a goat?" he thought, and he began to ponder the problem. The more he thought about it, the more doubts he had. It didn't take long for him to grow suspicious and, in desperation, he started looking at both sides of the road while holding onto the animal without knowing what to do with it.

At that very moment, following a plan that was nearing perfection, the third thief entered the scene. His unsuspecting victim darted towards him like lightning to ask:

"Excuse me, excuse me! I'm going to ask you a very silly question: What animal do you see here?"

"Indeed, it's silly. It's clear that I'm seeing a dog. What else would I see?" declared the thief, putting the finishing touch on a masterful performance.

The answer left the shepherd breathless while a shiver ran down his spine. The poor man let go of the goat and fled in terror shouting "This is a demon! A demon!" A while later, the three tricksters seized the goat, indulged in mutual self-congratulation on their success, and went away humming a tune.

Ejercicios

1

¿Verdadero (V) o falso (F)?
True or false?

1. El hombre que llevaba la cabra la había hurtado esa mañana.
2. Los ladrones se iban a dar un festín con la cabra.
3. Los maleantes mostraron grandes dotes interpretativas.
4. Los rufianes intentaron hablar con el pastor pero los ignoró.
5. El plan de los ladrones fracasó y el pastor prosiguió su marcha por el sendero como si nada.
6. El pastor soltó la cabra pensando que era un demonio.

2

Escoge la preposición correcta:
Choose the correct preposition:

1. El pastor se dio **a / de** bruces **con / en** el segundo ladrón.
2. Yo que tú, soltaría **a / de** ese vejestorio **a / por** las primeras **de / a** cambio y lo dejaría morir **con / en** paz.
3. "¿Y si esto es un demonio que se hace pasar **de / por** cabra?", pensó y empezó a darle vueltas **al / por el** problema.
4. Los tres embaucadores se hicieron **de / con** la cabra y se felicitaron **por / con** haberse salido **por / con** la suya.
5. No es **a / de** sorprender que unos malhechores lo avistaran.
6. Llevamos días **sin / en** cenar caliente, pero, gracias **a / de** mi plan, **por / de** hoy no pasa.

3 Completa las frases con las siguientes palabras:
Complete the sentences using the following words:

hurtar / maleza / treta / cabecilla / avispado
mosca / escalofrío / parajes / amparo / ajeno

1. Por aquellos __________ solían merodear ladrones y otros amigos de lo __________ .
2. Comenzaron a pergeñar una _____ para ______ la cabra.
3. Los rufianes se ocultaron al _________ de la _________ .
4. No tardó en estar con la ____________ detrás de la oreja.
5. En ese instante un ______________ le recorrió la espalda.
6. El más _____ de ellos tenía toda la pinta de ser el _____ .

4 Combina las columnas:
Combine both columns:

1. Me desharía de este perro ipso →	a. tornillo
2. A ese hombre le falta un	b. nada
3. Este tipo no ve tres en un	c. facto
4. Parecía que hubiera surgido de la	d. consigo
5. El incauto pastor se paró en	e. seco
6. Ya no las tenía todas	f. burro

Soluciones

Ejercicio 1: 1-F, 2-V, 3-V, 4-F, 5-F, 6-V

Ejercicio 2: 1-de, con, 2-a, a, de, en, 3-por, al, 4-con, por, con, 5-de, 6-sin, a, de

Ejercicio 3: 1-parajes, ajeno, 2-treta, hurtar, 3-amparo, maleza, 4-mosca, 5-escalofrío, 6-avispado, cabecilla

Ejercicio 4: 1-c, 2-a, 3-f, 4-b, 5-e, 6-d

Texto 4 Modismos y frases hechas

trabajar de sol a sol: to work from dawn to dusk

aportar su granito de arena: to contribute a small part or effort to a larger cause

para muestra, un botón: for example

darle la mañana/tarde/noche a alguien: to get on one's nerves in the morning/afternoon/evening

estar con el agua al cuello: to be up to one's neck, to struggle

arrimar el hombro: to pitch in, to help

estar por la labor de hacer algo: to be willing to do something

ser la oveja negra de la familia: to be the black sheep of the family, the one who stands out negatively

ser un... de tomo y lomo: to be a ... through and through

arde Troya: (literaly "the city of Troy burns") hell breaks loose. A situation that turns into a serious, usually disproportionate, conflict

hacerse el inocente: to play innocent or unaware

poner el grito en el cielo: to scream blue murder, to protest loudly

no dar un palo al agua: not to lift a finger, to be lazy

para colmo: to top it off, to make matters worse

no puedo contigo: I can't deal with you, I can't stand it any longer

lo tuyo no tiene nombre: your behaviour is beyond believe

dale que te pego con...: stop nagging about ....

el horno no está para bollos: it's not the right time

estar que te llevan los demonios: to be furious

la sangre no llegó al río: things didn't escalate

a... no me gana nadie: I'm second to none in..., no one beats me at...

tenérsela guardada a alguien: to have a revenge prepared for so

a trancas y barrancas: hardly, with difficulty, badly

Por eso, al llegar la tarde, en esa casa ardía Troya.

Padres e hijos

Audio 4

Hoy en día trabajamos de sol a sol bajo la premisa de que así mejoraremos nuestra calidad de vida. Pero el exceso de trabajo nos lleva a veces a descuidar el ambiente familiar. Todos en casa deben aportar su granito de arena para evitar que nuestro hogar se convierta en un campo de batalla. Y para muestra, un botón.

No hace mucho, tuve unos vecinos a los que recuerdo con cariño, aunque de vez en cuando, me daban la tarde con sus gritos. Los padres eran programadores y siempre me contaban que estaban con el agua al cuello por culpa de los plazos imposibles que les imponían en el trabajo. Por eso, pedían a sus hijas que arrimaran el hombro en casa.

Todas las mañanas, antes de ir a trabajar, había reparto de tareas: sacar la basura, hacer recados, preparar la cena,... Ahí no se libraba nadie. La hija mayor estaba por la labor y ayudaba en todo lo que se le pidiera. Por el contrario, la hija pequeña era la oveja negra de la familia y una vaga de

Parents and children

Nowadays, we work from dawn to dusk under the assumption that this will improve our quality of life. But excessive work sometimes leads us to neglect the family environment. Everyone at home should contribute to prevent our household from becoming a battlefield. Let's see an example of it.

Not long ago, I had neighbours who I remember fondly, although every now and then, they got on my nerves in the evenings with their shouting. The parents were programmers, and they always told me they were up to their necks due to the impossible deadlines imposed on them at work. That's why they asked their daughters to pitch in at home.

Every morning, before going to work, there was a distribution of tasks: taking out the trash, running errands, preparing dinner... Nobody was exempt. The eldest daughter was on board and helped with whatever was asked of her. On the other hand, the youngest daughter was the black sheep of the family tomo y lomo. Por eso, al llegar la tarde, en esa casa ardía Troya. Siempre la misma cantinela. La hija pequeña se hacía la inocente, mientras su madre, que no tenía idea de cómo tratar con adolescentes, ponía el grito en el cielo:

—¡Otra vez más de lo mismo! Te has pasado el día por ahí con tus amigas y no has dado un palo al agua. Y para colmo, ni siquiera has sacado al perro. ¿Y dónde está el queso que te pedí que compraras?

—¿Queso? ¿Me habías pedido que comprara queso? Perdona, pero no te había oído.

—¡Madre mía! ¡Es que no puedo contigo! Lo tuyo no tiene nombre. ¿Y ahora qué vamos a cenar? Teníamos pensado hacer lasaña. ¿Acaso sabes hacer una lasaña sin queso?

—Dale que te pego con el queso. ¡Qué pesada eres, mamá! Que ya te he dicho que no te había oído. Otro día lo compro y listo.

El padre intentó interceder para calmar los ánimos, pero vio de inmediato que el horno no estaba para bollos. Así que se dio media vuelta y volvió a la cocina, donde se las apañó para preparar una cena sin queso. La madre, por su parte, estaba que se la llevaban los demonios. Pero, como siempre, la sangre no llegó al río.

and lazy through and through. So, when the evening came, all hell broke loose in that house. Always the same old story. The youngest daughter played innocent, while her mother, who had no idea how to deal with teenagers, would scream blue murder:

"Once again, more of the same! You spent the whole day out with your friends and haven't lifted a finger to help. And to top it off, you didn't even walk the dog. And where's the cheese I asked you to buy?"

"Cheese? Did you ask me to buy cheese? Sorry, I didn't hear you. I'll do it another time."

"Oh, my! I can't deal with you! Your behaviour is beyond belief. What are we going to have for dinner now? We had planned to make lasagna. Do you even know how to make lasagna without cheese?

"Stop nagging about the cheese. You're so annoying, mum! I already told you I didn't hear you. I'll buy it another day, and that's it."

The father tried to intervene to calm things down, but he immediately realized it wasn't the right time. So he turned around and went back to the kitchen, where he managed to prepare a dinner without cheese. The mother, on the other hand, was furious. But, as always, things didn't escalate.

Aún así, la madre, que a rencorosa no la ganaba nadie, se la tenía guardada. Unos días después, había en el centro comercial rebajas de esas que solo hay una vez al año. Así que preguntó a sus hijas si necesitaban algo:

—Si puede ser, querría una tablet nueva, que la mía me va a trancas y barrancas —solicitó la hermana mayor.

—Oye, pues yo no voy a ser menos. Tráeme una a mí también, mamá —pidió la hija holgazana.

Al caer la tarde, los padres volvieron a casa con sendos ordenadores de gran potencia para su trabajo y una tablet, que la madre entregó a la hermana mayor.

—¿Y mi tablet? —inquirió la hija perezosa.

—¿Tablet? ¿Me habías pedido una tablet? —dijo la madre con tono burlón—. Perdona, no te había oído. Como aquel día que no habías oído lo de comprar queso.

—Pues yo hoy tengo una cosita para ti —dijo la hija bajando la mirada mientras sacaba de una bolsa del supermercado el queso favorito de su madre.

Entonces, para sorpresa de todos, mía incluida, ya que lo estaba escuchando todo, la madre sacó una segunda tablet de su bolso y se lanzaron las dos a abrazarse. Está claro que no hay nada más fuerte que el amor de madre.

However, the mother, who was second to none in holding a grudge, wasn't going to let it slide. A few days later, at the shopping mall, there was one of those sales that happen only once a year. So, she asked her daughters if they needed anything:

"If possible, I'd like a new tablet since mine is barely functioning anymore," requested the older sister.

"Hey, I'm not going to be any less important than you. Get me one too, Mom," asked the lazy daughter.

As the evening fell, the parents came back home with high-performance computers for their work and a tablet, which the mother handed to the older sister.

"And my tablet?" inquired the lazy daughter.

"Tablet? Did you ask for a tablet?" said the mother in a mocking tone. "Sorry, I didn't hear you. Like that day when you hadn't heard about buying cheese."

"Well, today I have a little something for you", said the daughter, looking down while taking her mother's favourite cheese out of a supermarket bag.

Then, to everyone's surprise, mine included, since I was listening to everything, the mother took a second tablet out of her bag, and the two of them started to hug each other. It's clear that there's nothing stronger than a mother's love.

Ejercicios

1 ¿Verdadero (V) o falso (F)?
True or false?

1. Los padres pedían a sus hijas que arrimaran el hombro en casa.
2. La hija mayor era una vaga de tomo y lomo.
3. La madre no tenía idea de cómo tratar con adolescentes.
4. La hija pequeña siempre se hacía la inocente.
5. La madre le compró la tablet solo a la hija mayor.
6. Al final, la madre y la hija se lanzaron a abrazarse.

2 Escoge la preposición correcta:
Choose the correct preposition:

1. Hoy **de / en** día trabajamos **de / en** sol a sol **para / bajo** la premisa de que así mejoraremos nuestra calidad de vida.
2. No quiero que nuestro hogar se convierta **en / a** un campo **de / a** batalla. Y **de / para** muestra, un botón.
3. La hija mayor siempre estaba **por / para** la labor.
4. No has dado un palo **al / con** agua. Y **al / para** colmo, ni siquiera has sacado al perro.
5. El padre intentó calmar los ánimos, pero vio **al / de** inmediato que el horno no estaba **con / para** bollos.
6. La tablet me va **a / de** trancas y barrancas.

3

Completa las frases con las siguientes palabras:
Complete the sentences using the following words:

pego / oveja / llevaban / guardada / apañó
pesada / cantinela / ganaba / Troya

1. La hija pequeña era la _______ negra de la familia.
2. Cada tarde, ardía _______ . Siempre la misma _______ .
3. Dale que te _______ con el queso. Qué ______ eres, mamá.
4. La madre, que a rencorosa no la _______ nadie, se la tenía _______ .
5. La madre estaba que se la _______ los demonios.
6. El padre se las _______ para preparar una cena sin queso.

4

Combina las columnas:
Combine both columns:

1. Todos aportan su granito de →	a. cielo
2. Siempre estaban con el agua al	b. arena
3. La madre ponía el grito en el	c. río
4. Lo tuyo no tiene	d. cuello
5. La sangre no llegó al	e. menos
6. Oye, pues yo no voy a ser	f. nombre

Soluciones

Ejercicio 1: 1-V, 2-F, 3-V, 4-V, 5-F, 6-V

Ejercicio 2: 1-en, de, bajo, 2-en, de, para, 3-por, 4-al, para, 5-de, para, 6-a

Ejercicio 3: 1-oveja, 2-Troya, cantinela, 3-pego, pesada, 4-ganaba, guardada, 5-llevaban, 6-apañó

Ejercicio 4: 1-b, 2-d, 3-a, 4-f, 5-c, 6-e

Texto 5 Modismos y frases hechas

al pie de la letra: to the letter, following instructions exactly

no tener ni pies ni cabeza: to make no sense

tener en gran estima: to hold in high regard or esteem

contra viento y marea: against all odds

poner a alguien en un brete: to put someone in a difficult situation or dilemma

la hora de la verdad: the moment of truth, when something is put to the test

echarse atrás: to back out or withdraw from a commitment

sin novedad: without incident, nothing new to report

estar calado hasta los huesos: to be soaking wet

con mano de hierro: using strict or authoritarian methods

no me da buena espina: it doesn't give me a good feeling

pasar de largo: to pass by without stopping

hacer un alto en el camino: to take a break during a journey

no tardar en: to not take long to, to do something quickly

como cualquier... que se precie: like any self-respecting...

no andarse con rodeos: to not beat around the bush, to be direct

echar el guante a alguien/algo: to catch or seize someone/something

pena capital: capital punishment, the death penalty

hacer de tripas corazón: to muster the courage or determination to do something difficult

con pelos y señales: with all the details, providing a thorough account

ser un secreto a voces: to be an open secret, something widely known but not officially acknowledged

agarrarse a un clavo ardiendo: to seize any opportunity

por aclamación popular: by popular acclaim, with unanimous approval from the public.

El sueño del filósofo

Audio 5

En tiempos inmemoriales, en un lugar remoto que no merece la pena ser mencionado, vivía un anciano filósofo. Una noche tuvo un sueño tan vívido, que decidió seguirlo al pie de la letra, a pesar de que suponía embarcarse en una aventura plagada de peligros.

—Debo partir hoy mismo. —explicó a sus sesenta discípulos—. ¿Quién desea acompañarme? El que lo haga, ha de memorizar esta frase y decirla a mi señal: "Deseo morir en lugar del filósofo". La mayor parte del sueño no tenía ni pies ni cabeza, pero el desenlace nos colmará de felicidad y esa frase jugará un papel fundamental en todo ello.

Los alumnos tenían en gran estima a su maestro y siempre lo apoyaban contra viento y marea. Pero este los había puesto en un brete. Albergaban dudas sobre el desenlace de semejante empresa, por lo que, a la hora de la verdad, todos excepto uno se echaron atrás. De este modo, se formó una expedición de solo dos miembros.

The philosopher's dream

In ancient times, in a remote place not worth mentioning, lived an elderly philosopher. One night, he had such a vivid dream that he decided to follow it to the letter, even though it meant embarking on an adventure filled with d angers.

"I must depart today," he explained to his sixty disciples. "Who wishes to accompany me? Whoever does must memorize this phrase and say it at my signal: 'I wish to die instead of the philosopher.' Most of the dream made no sense, but the outcome will fill us with happiness, and that phrase will play a crucial role in it all."

The students held their teacher in high regard and always supported him no matter what. But he had put them in a difficult situation. They harboured doubts about the outcome of such an undertaking, so at the moment of truth, everyone except one backed out. Thus, an expedition of only two members was formed.

Los primeros días de periplo pasaron sin novedad, con la única salvedad de una noche de tormenta que dejó a ambos viajeros calados hasta los huesos. Al cumplirse una semana de camino, llegaron a un reino cuyo monarca era un tirano que gobernaba con mano de hierro. Al alumno no le daba buena espina el lugar y sugirió pasar de largo, pero su maestro indicó que era el momento de hacer un alto en el camino. Así se hizo y no tardaron en caer presos bajo la sospecha de ser espías y ser llevados ante el rey.

Como cualquier tirano que se precie, este no se andaba con rodeos, así que ni se inmutó al ordenar la inmediata ejecución de esos dos criminales a los que acaban de echar el guante. Aún estaban resonando las palabras del rey, cuando cinco soldados levantaron sus espadas sobre el petrificado discípulo, dispuestos a ejecutar la pena capital. En medio de esta vorágine, surgió la voz del filósofo:

—¡Un momento, majestad! ¡Deseo morir yo primero! ¡Ejecutadme a mí sin demora, por favor!

Inmediatamente dio la señal acordada a su alumno. Este, aterrado, tuvo un momento de duda. Pero inmediatamente hizo de tripas corazón y gritó la frase que había memorizado:

—¡No, deseo morir en lugar del filósofo!

The initial days of their journey passed uneventfully, except for one stormy night that left both travellers soaked to the skin. After a week of travelling, they arrived at a kingdom whose monarch was a tyrant who governed with an iron fist. The disciple didn't have a good feeling about the place and suggested they keep going, but his master indicated that it was time to take a break. That's what they did, and it didn't take long for them to be arrested under suspicion of being spies and taken before the king.

Like any self-respecting tyrant, he didn't mince words, so he didn't flinch when ordering the immediate execution of those two criminals they just caught. The king's words were still echoing when five soldiers raised their swords over the petrified disciple, ready to carry out the death sentence. Amidst this turmoil, the philosopher's voice emerged:

"Wait, Your Majesty! I wish to die first! Execute me without delay, please!"

He immediately gave the agreed signal to his student. Terrified, he had a moment of doubt. But then he mustered his courage and shouted the phrase he had memorized:

"No, I wish to die instead of the philosopher!"

Los soldados se detuvieron y, con las espadas aún en alto, dirigieron sus ojos al tirano que, sumamente desconcertado ante lo insólito de la situación, exigió una explicación. El filósofo, con tono persuasivo, comenzó a explicar con pelos y señales sus supuestas investigaciones en el campo de la magia. El rey escuchaba sin pestañear, pues era un secreto a voces su fascinación por el tema y estaba tan ansioso por obtener algún tipo de poder sobrenatural, que era capaz de agarrarse a un clavo ardiendo con tal de conseguirlo.

—...y bien, majestad, tras años de investigación —el filósofo fue llegando al final de su relato—, he determinado que quien muera primero en este mismo lugar hoy, resucitará y alcanzará la inmortalidad. Lamentablemente, mi egoísta discípulo, que es un desagradecido, desea lo mismo y por eso busca arrebatarme este poder.

—¡Ese don me corresponde a mí! —exclamó el tirano, convencido de la veracidad del relato—. ¡Soldados, ejecutadme!

No faltaron voluntarios dispuestos a cumplir la orden. A los pocos segundos el rey yacía muerto y, por supuesto, no volvió a la vida. El filósofo y su discípulo fueron nombrados gobernantes de la ciudad por aclamación popular, hecho que los colmó de felicidad... y también de riquezas.

The soldiers stopped and, with their swords still raised, turned their eyes to the tyrant who, utterly bewildered by the unusual situation, demanded an explanation. The philosopher, in a persuasive tone, began to explain in great detail his supposed investigations into the field of magic. The king listened without blinking, since his fascination with the subject was an open secret and he was so eager to obtain some sort of supernatural power that he would seize any opportunity to get it.

"... and well, Your Majesty, after years of research," the philosopher was nearing the end of his account, "I have determined that whoever dies first in this very spot today will be resurrected and achieve immortality. Unfortunately, my selfish disciple, who is ungrateful, desires the same and seeks to steal this power from me."

"That gift belongs to me!" exclaimed the tyrant, convinced of the truthfulness of the story. "Soldiers, execute me!"

There was no shortage of volunteers eager to carry out the order. Within seconds, the king lay dead, and of course, he didn't come back to life. The philosopher and his disciple were appointed rulers of the city by popular acclaim, a fact that filled them with happiness... and wealth as well.

Ejercicios

1 ¿Verdadero (V) o falso (F)?
True or false?

1. Los alumnos tenían en gran estima a su maestro.
2. A la hora de la verdad, todos se echaron atrás.
3. El tirano ordenó la ejecución del filósofo y su discípulo.
4. El rey estaba ansioso por obtener algún tipo de poder sobrenatural, pero nadie lo sabía porque era un secreto.
5. El tirano resucitó y alcanzó la inmortalidad.
6. El discípulo, aterrado, no vio la señal acordada.

2 Escoge la preposición correcta:
Choose the correct preposition:

1. Eso suponía embarcarse **de / en** una aventura plagada **de / con** peligros.
2. Los alumnos lo apoyaban **con / contra** viento y marea.
3. No tardaron **de / en** caer presos **bajo / para** la sospecha **de / por** ser espías y ser llevados **ante / por** el rey.
4. La tormenta los dejó calados **en / hasta** los huesos.
5. El alumno tuvo un momento **de / en** duda, pero hizo **de / con** tripas corazón y gritó la frase memorizada.
6. Los soldados, con las espadas aún **en / de** alto, dirigieron sus ojos **al / del** tirano que, desconcertado **ante / a** lo insólito de la situación, exigió una explicación.

3

Completa las frases con las siguientes palabras:
Complete the sentences using the following words:

dudas / largo / aclamación / letra
empresa / periplo / alto / espina

1. Decidió seguir el sueño al pie de la __________ .
2. Fueron nombrados gobernantes por __________ popular.
3. Albergaban ______ sobre el desenlace de semejante ____ .
4. Los primeros días de __________ pasaron sin novedad.
5. Al alumno no le daba buena __________ el lugar y sugirió pasar de __________ .
6. Era el momento de hacer un __________ en el camino.

4

Combina las columnas:
Combine both columns:

1. El sueño no tenía ni pies ni →	a. hierro
2. El tirano no andaba con	b. cabeza
3. El maestro los había puesto en un	c. ardiendo
4. El tirano gobernaba con mano de	d. brete
5. Era capaz de agarrarse a un clavo	e. rodeos
6. Comenzó a explicarlo con pelos y	f. señales

Soluciones

Ejercicio 1: 1-V, 2-F, 3-V, 4-F, 5-F, 6-F

Ejercicio 2: 1-en, de, 2-contra, 3-en, bajo, de, ante, 4-hasta, 5-de, de, 6-en, al, ante

Ejercicio 3: 1-letra, 2-aclamación, 3-dudas, empresa, 4-periplo, 5-espina, largo, 6-alto

Ejercicio 4: 1-b, 2-e, 3-d, 4-a, 5-c, 6-f

Texto 6 Modismos y frases hechas

estar al alcance de unos pocos: to be accessible to only a few, to be expensive

ser lo de menos: to the least of someone's worries

sin ton ni son: nonsensically, without rhyme or reason

aunque me fuera la vida en ello: even if my life depended on it, emphasizing one's commitment

a merced de algo/alguien: at the mercy of something/someone

un ojo de la cara: a lot of money

así como así: just like that, without much thought or effort

a lo sumo: at most

no dar su brazo a torcer: to not give in, to be stubborn

ablandar el corazón de alguien: to soften someone's heart

dar en el clavo: to hit the nail on the head, to be exactly right

ser de buena cuna: to come from a good family background, often indicating high social status

no mover un dedo: to not lift a finger, to make no effort

como si la cosa no fuera con él: as if he had nothnig to do with it

sin paños calientes: without holding back, to say something bluntly or directly ponerse como loco: to go mad, to become very angry or agitated

a grito pelado: screaming, at the top of one's voice

echar cuentas: to figure out an amount of money, to do calculations

en un visto y no visto: in the blink of an eye, very quickly

¿cómo se puede ser tan...?: how can someone be so...? (this phrase is often used to express disbelief or criticism about someone's behavior or actions.)

Dinero y libertad

Audio 6

Es bien conocido que hay cosas que el dinero no puede comprar. Pero esto no parecía afectarle a un hombre de inmensa fortuna, conocido por muchos como Don Dinero. Si algo solo estaba al alcance de unos pocos, él era el primero en comprarlo. El precio era lo de menos. Además, después de gastar sin ton ni son, solía regalar sus compras a sus amigos, ya que lo importante para Don Dinero no era lo que hubiera adquirido, sino el hecho de que todos supieran que solo él podía permitirse semejante dispendio.

Pero había algo que nunca habría regalado a nadie, aunque le fuera la vida en ello: su pájaro favorito. No era un pájaro cualquiera, sino el ave más extraordinaria jamás vista en cautividad. Portaba unas plumas doradas poco comunes, de gran belleza y su simple vista causaba admiración. El desdichado animal, que solo ansiaba regresar a su hogar, vivía en una jaula a merced de Don Dinero, que se había gastado una fortuna en su adquisición.

Money and freedom

It is well known that there are things money can't buy. But this didn't seem to affect a man of immense wealth known by many as Mr. Money. If something was only accessible to a few, he was the first to buy it. The price was the least of his worries. Besides, after spending recklessly, Mr. Money used to give away his purchases to his friends because what mattered to him wasn't what he had acquired, but the fact that everyone knew only he could afford such lavishness.

But there was something he would have never given away to anyone, even if his life depended on it: his favourite bird. It wasn't just any bird, but the most extraordinary bird ever seen in captivity. He bore uncommon golden feathers of great beauty, and his mere sight caused admiration. The unhappy creature, that only longed to return to his home, lived in a cage at the mercy of Mr. Money, who had spent a fortune acquiring him.

Una mañana, nuestro acomodado protagonista estaba preparando la maleta para irse a la India por asuntos de negocios. Conocedor de que aquella era la tierra natal de su pájaro, le dio por preguntarle si deseaba que le trajera algún regalo. Total, si le compraba de todo a sus amigos, ¿por qué no iba a mimar también a su pájaro predilecto?

—Quiero el regalo de la libertad, para poder volver a casa —respondió afligido el animal.

—No —replicó el hombre con tono firme—. Me has costado un ojo de la cara, así que no voy a soltarte así como así. A lo sumo, te puedo comprar un regalo y punto.

—Si no puede ser la libertad, vete entonces a la selva y cuenta a mis parientes la historia de mi triste destino.

Don Dinero tenía fama de duro y de no dar su brazo a torcer, pero escuchar esa voz lastimera le ablandó el corazón y terminó por ceder a la petición. A su llegada a la India, se adentró en la selva en busca de los parientes de su ave. Después de dejar tras de sí un largo trecho, se encontró un ave del mismo porte que la que yacía cautiva en su hogar. Supuso que tenía que ser un pariente cercano de su pájaro y dio en el clavo. Como hombre de buena cuna, en primer lugar saludó cortésmente, para a continuación pasar a contar toda la historia.

One morning, our well-off protagonist was packing his suitcase to go to India on business affairs. Knowing that this was the homeland of his bird, he decided to ask him if he wished that he brought him some gift. After all, if he bought everything for his friends, why not also pamper his favourite bird?

"I want the gift of freedom, to be able to return home," answered the heartbroken animal.

"No", replied the man firmly. "You cost me an arm and a leg, so I won't release you just like that. At most, I can buy you a gift and that's it."

"If it can't be freedom, then go to the jungle and tell my relatives the story of my sad fate."

Mr. Money was known for being tough and not giving in, but hearing that pitiful voice softened his heart, and he eventually gave in to the request. Upon arriving in India, he went deep into the jungle in search of his bird's relatives. After a long journey, he found a bird of the same appearance as the one lying captive in his home. He assumed he had to be a close relative of his bird, and he was right. Being a well-born man, he first greeted politely and then proceeded to tell the whole story.

Cuando hubo terminado su narración, el pájaro se desplomó en el acto y dejó de respirar. Al parecer, el animal acababa de morir de tristeza al conocer el destino de su pariente. El hombre no hizo nada por la criatura. Simplemente se quedó un rato pensativo, sin mover ni un dedo, y después, se fue como si la cosa no fuera con él.

Al regresar a casa, Don Dinero relató a su ave todo lo acontecido sin paños calientes y, nada más finalizar, vio como esta también se desplomaba mortalmente. Todo parecía indicar que el animal había muerto de pena al enterarse de que su pariente había fallecido. Don Dinero se puso como loco. Abrió la jaula entre sollozos, colocó cuidadosamente el cadáver sobre la mesa y empezó a pedir ayuda a grito pelado, mientras echaba cuentas del dinero que acaba de perder. Entonces, se le ocurrió llamar a un veterinario y se giró para buscar su teléfono. Fue en ese momento cuando el pájaro abrió los ojos y, en un visto y no visto, salió volando por la ventana.

—¿Cómo se puede ser tan ingenuo? —exclamó el ave—. Mi pariente me enseñó qué hacer, y tú me has transmitido su consejo sin saberlo. ¡Por fin soy libre!

Así fue como Don Dinero descubrió una cosa que él no podría poseer por mucho que pagara: ansias de libertad.

When he finished his tale, the bird collapsed on the spot and stopped breathing. It appeared the animal had just died of sorrow when he learned his relative's fate. The man did nothing for the creature. He simply stood there for a while lost in thought, without lifting a finger, and then, he left as if it had nothing to do with him.

Upon returning home, Mr. Money told his bird everything that had happened without holding back, and as soon as he finished, the animal also collapsed and died. Everything seemed to indicate that the bird had died of grief when he found out that his relative had passed away. Mr. Money went mad. He opened the cage while sobbing, carefully placed the corpse on the table, and started screaming for help while figuring out how much money he had just lost. Then, he had the idea to call a veterinarian and turned to look for his phone. It was at that moment that the bird opened his eyes and, in the blink of an eye, flew out of the window.

"How can one be so naive?" shouted the bird. "My relative taught me what to do, and you unknowingly conveyed his advice to me. I'm free at last!"

That's how Mr. Money discovered something he couldn't possess no matter how much he paid: a longing for freedom.

Ejercicios

1 ¿Verdadero (V) o falso (F)?
True or false?

1. El ave de Don Dinero no era un pájaro cualquiera, sino el ave más extraordinaria jamás vista en cautividad.
2. El desdichado animal solo ansiaba regresar a su hogar.
3. El hombre se fue a la India para hacerle un regalo a su ave.
4. Don Dinero se adentró en la selva y se desplomó.
5. El hombre no hizo nada por la criatura en la selva.
6. Don Dinero le transmitió al ave el consejo de su pariente.

2 Escoge la preposición correcta:
Choose the correct preposition:

1. Si algo solo estaba **del / al** alcance **de / a** unos pocos, él era el primero **para / en** comprarlo.
2. El animal vivía en una jaula **de / a** merced de Don Dinero, que se había gastado una fortuna **en / por** su adquisición.
3. Le dio **en / por** preguntarle si deseaba algún regalo.
4. Don Dinero terminó **con / por** ceder a la petición.
5. Abrió la jaula **entre / a** sollozos y empezó a pedir ayuda **en / a** grito pelado, mientras echaba cuentas **al / del** dinero que acababa **por / de** perder.
6. **En / A** un visto y no visto, el ave salió volando por la ventana.

3

Completa las frases con las siguientes palabras:
Complete the sentences using the following words:

predilecto / ablandó / cuna / cosa
fortuna / lastimera / sumo / mimar / ton

1. Era un hombre de inmensa _______ y gastaba sin _______ ni son.
2. ¿Por qué no iba a _______ también a su pájaro _______ ?
3. A lo _______ , te puedo comprar un regalo y punto.
4. Escuchar esa voz _______ le _______ el corazón.
5. Como hombre de buena _______ , saludó cortésmente.
6. Se fue como si la _______ no fuera con él.

4

Combina las columnas:
Combine both columns:

1. Me has costado un ojo de la	a. dedo
2. El precio era lo de	b. calientes
3. Tenía fama de no dar su brazo a	c. cara
4. Se lo contó todo sin paños	d. menos
5. Se quedó un rato sin mover ni un	e. loco
6. Don Dinero se puso como	f. torcer

Soluciones

Ejercicio 1: 1-V, 2-V, 3-F, 4-F, 5-V, 6-V

Ejercicio 2: 1-al, de, en, 2-a, en, 3-por, 4-por, 5-entre, a, del, de, 6-En

Ejercicio 3: 1-fortuna, ton, 2-mimar, predilecto, 3-sumo, 4-lastimera, ablandó, 5-cuna, 6-cosa

Ejercicio 4: 1-c, 2-d, 3-f, 4-b, 5-a, 6-e

Notas

Notas